_____

_____

IS LEARNING
HOW TO WRITE!

![Peanut Prodigy logo]

PEANUT PRODIGY

Dear Parents,

On behalf of Peanut Prodigy, we'd like to thank you for buying our book. We are passionate about teaching young people the skills and techniques they need to thrive in today's world! We hope that your child enjoys learning from our Letter Tracing Workbook.

If you love the book as much as we do, please support us by leaving a review on Amazon. Your support is greatly appreciated.

Beta-Reader Club
To be included in our Beta-Reader Club, which gives parents and children the chance to preview new editions before anyone else, please email us at **peanutprodigypublishing@gmail.com** We'll alert you when new books are on the horizon.

Lastly, once a month we select one of our Beta-Reader Club members to win a $50 Amazon gift card! Just imagine the possibilities!

We look forward to hearing from you!

-Peanut Prodigy Team

 Follow Us on Facebook:
Peanut Prodigy

A

A IS FOR ANT

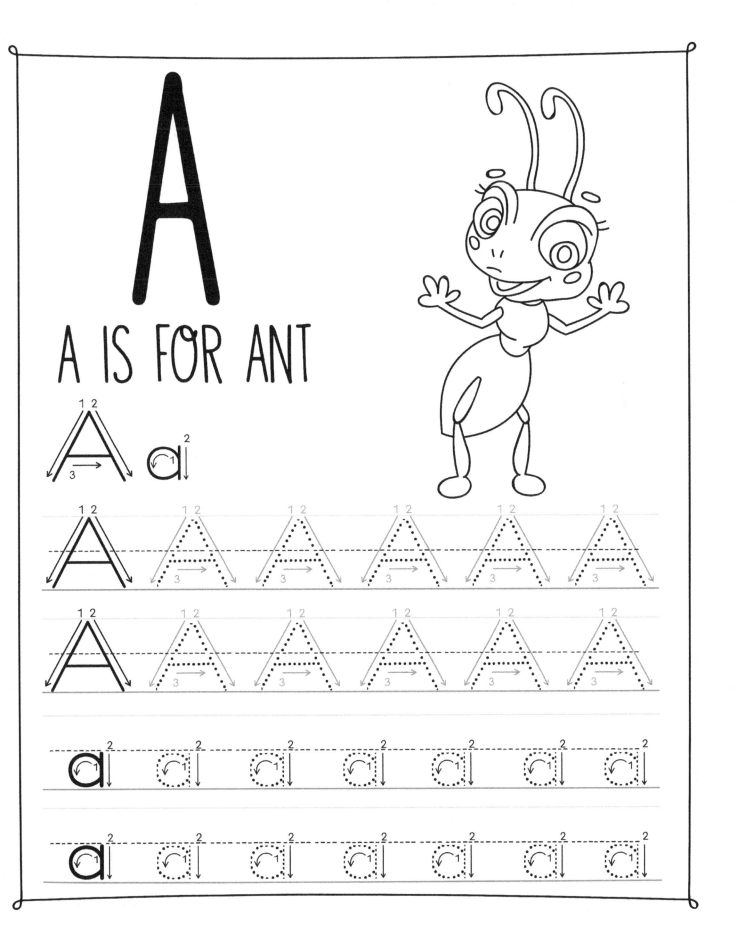

A A A A A A

A A A A A A

A A A A A A

A A A A A A

a a a a a a a

a a a a a a a

a a a a a a a

a a a a a a a

A A A A A A

A A A A A A

a a a a a a a

a a a a a a a

B

B IS FOR
BUTTERFLY

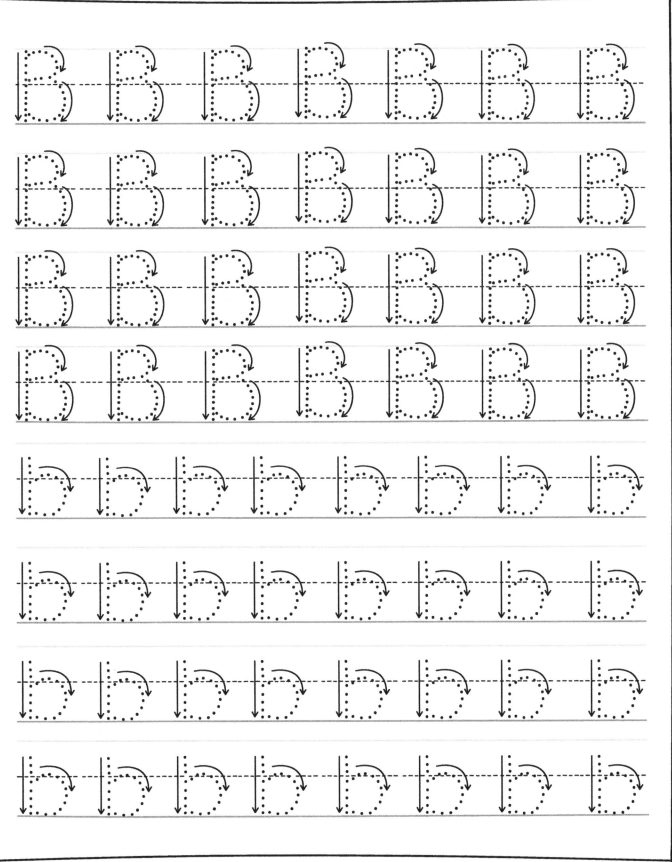

B B B B B B B

B B B B B B B

b b b b b b b b

b b b b b b b b

C

C IS FOR CAT

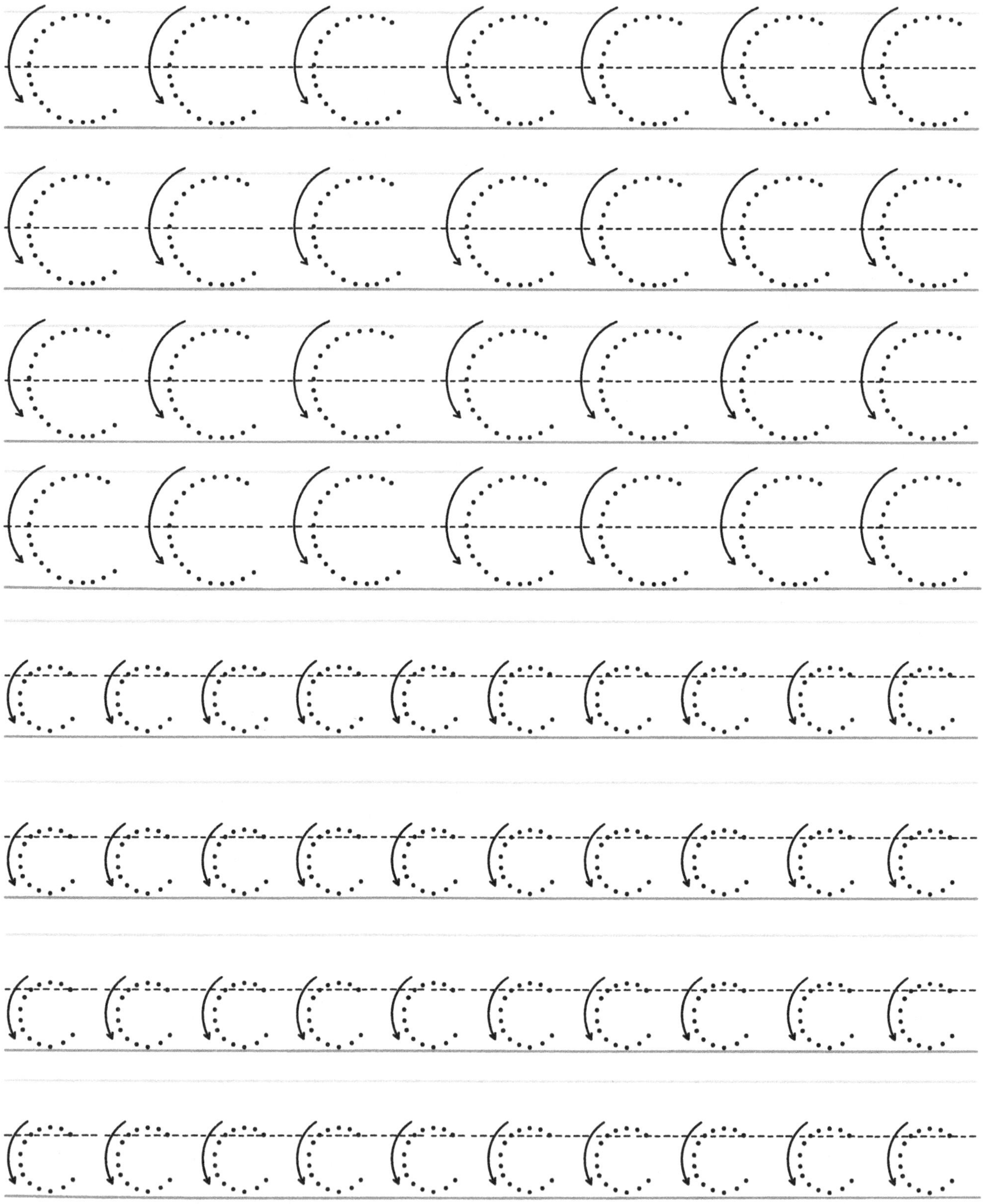

C C C C C C C

C C C C C C C

c c c c c c c c c c

c c c c c c c c c c

D

D IS FOR DOG

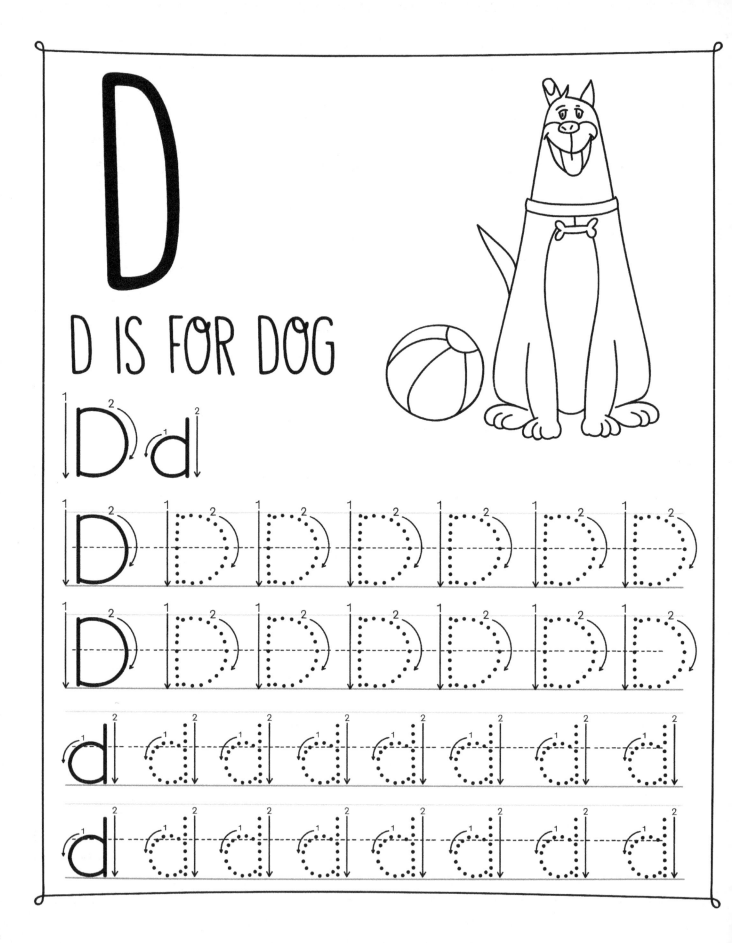

D D D D D D D

D D D D D D D

d d d d d d d

d d d d d d d

E

E IS FOR ELEPHANT

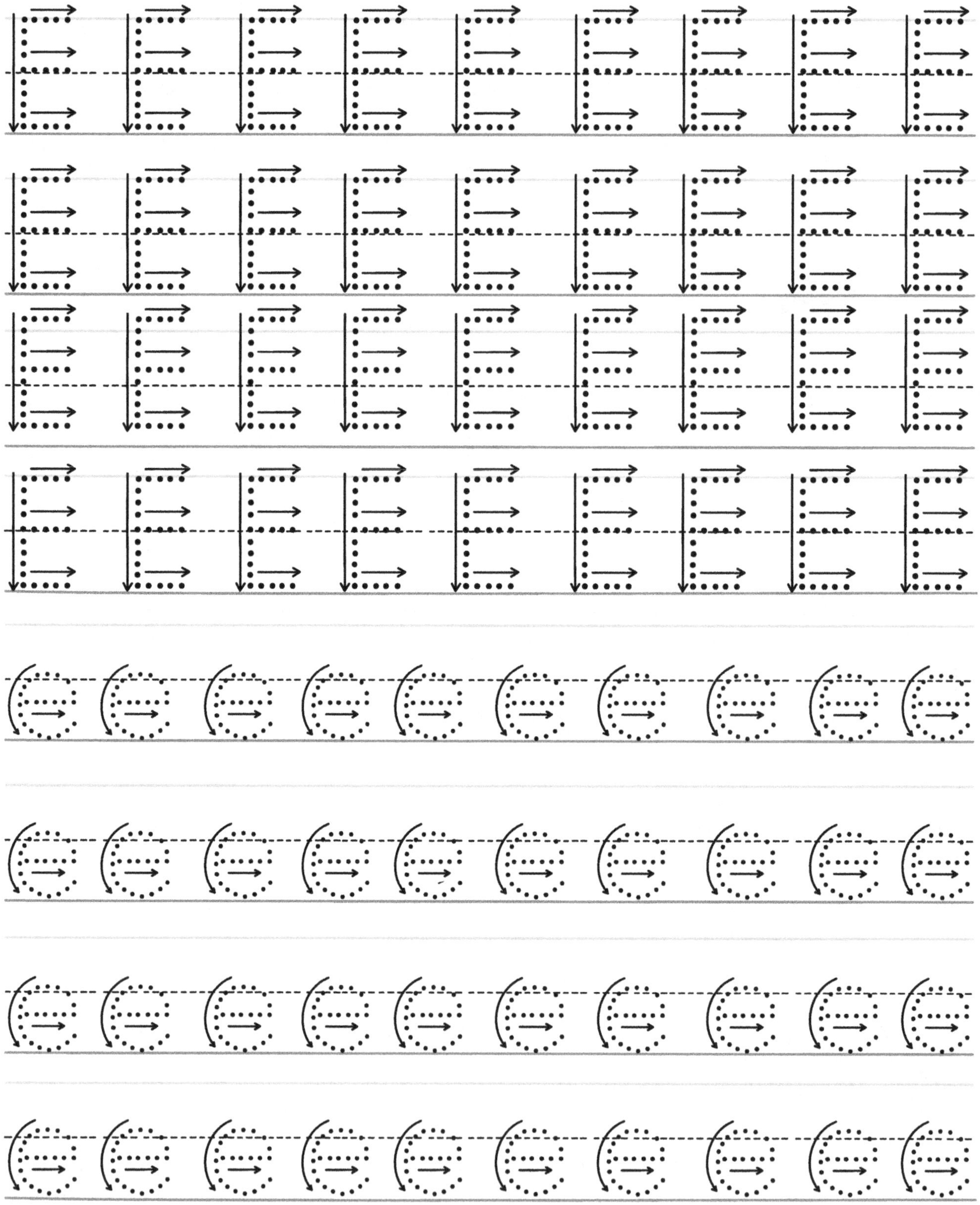

EEEEEEEEEE

EEEEEEEEEE

EEEEEEEEEE

EEEEEEEEEE

eeeeeeeeee

eeeeeeeeee

eeeeeeeeee

eeeeeeeeee

E E E E E E E E E E E

E E E E E E E E E E E

e e e e e e e e e e e

e e e e e e e e e e e

F

F IS FOR FISH

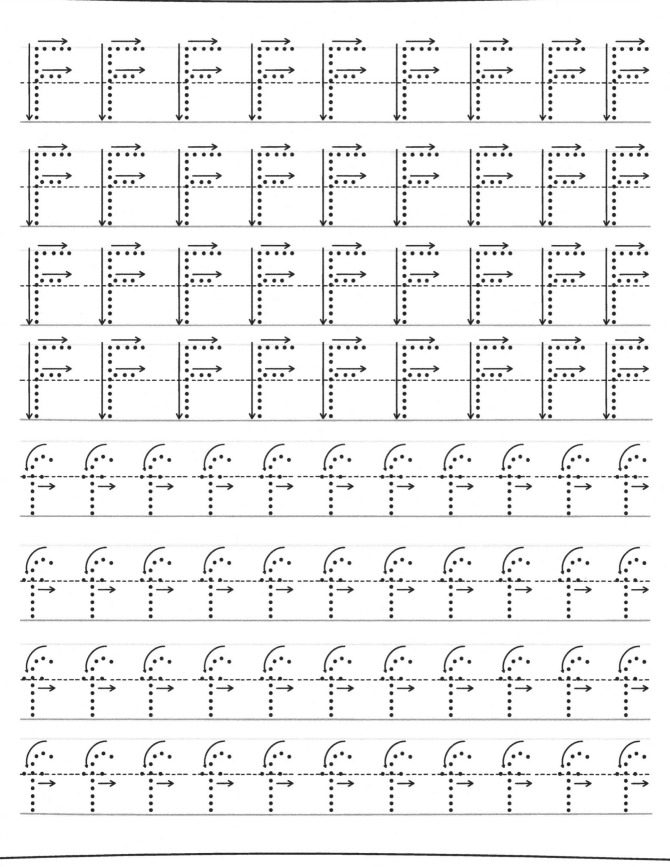

F F F F F F F F F

F F F F F F F F F

f f f f f f f f f f

f f f f f f f f f f

G

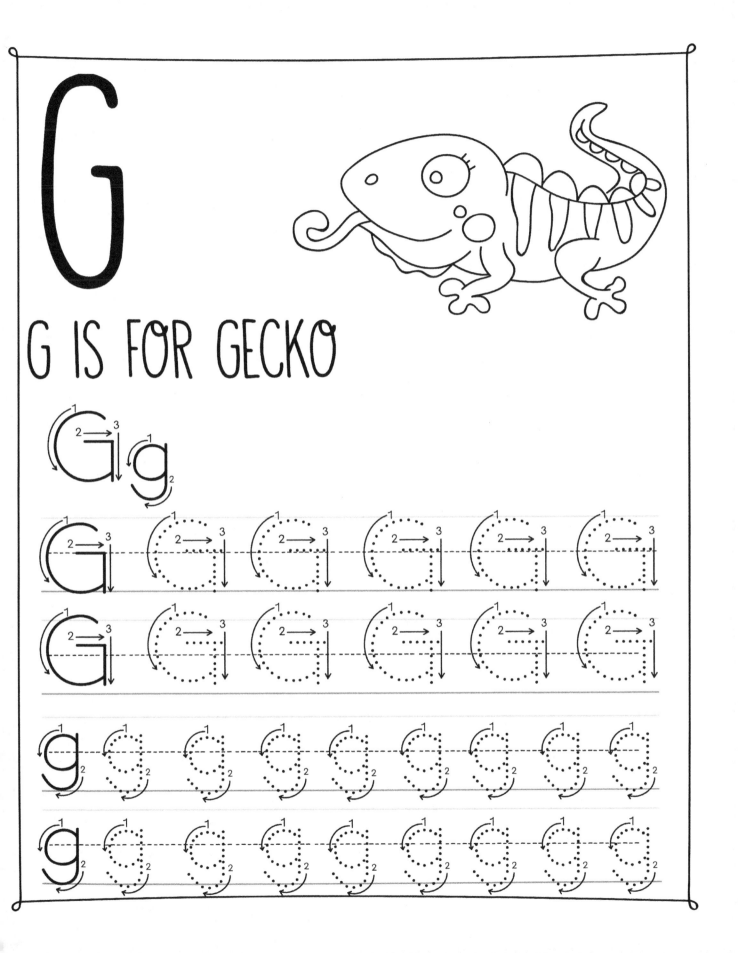

G IS FOR GECKO

G G G G G G

G G G G G G

G G G G G G

G G G G G G

g g g g g g g g g

g g g g g g g g g

g g g g g g g g g

g g g g g g g g g

G G G G G G

G G G G G G

g g g g g g g g

g g g g g g g g

H

H IS FOR HAMSTER

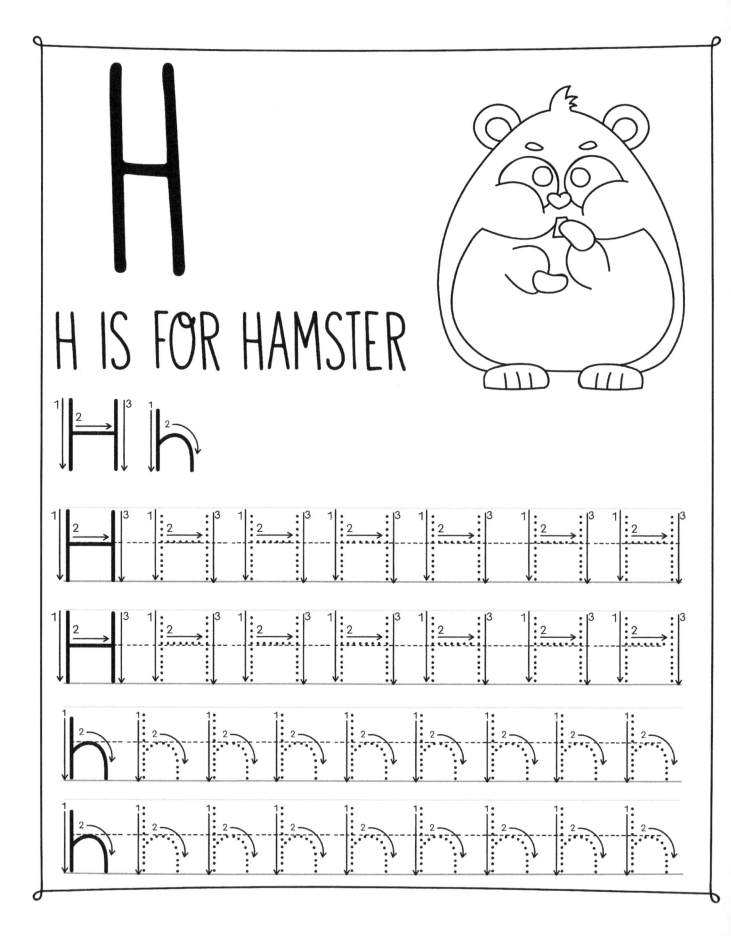

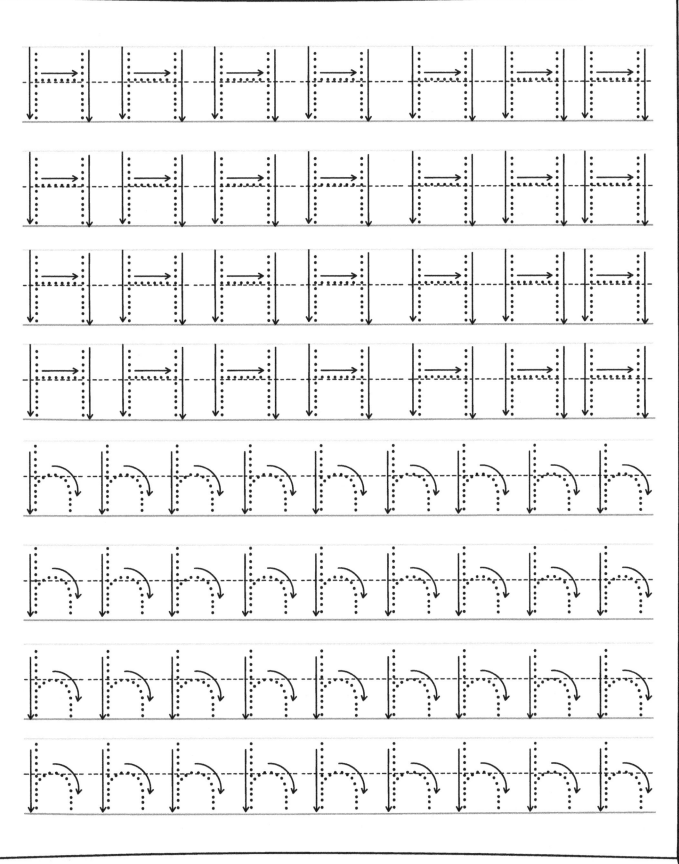

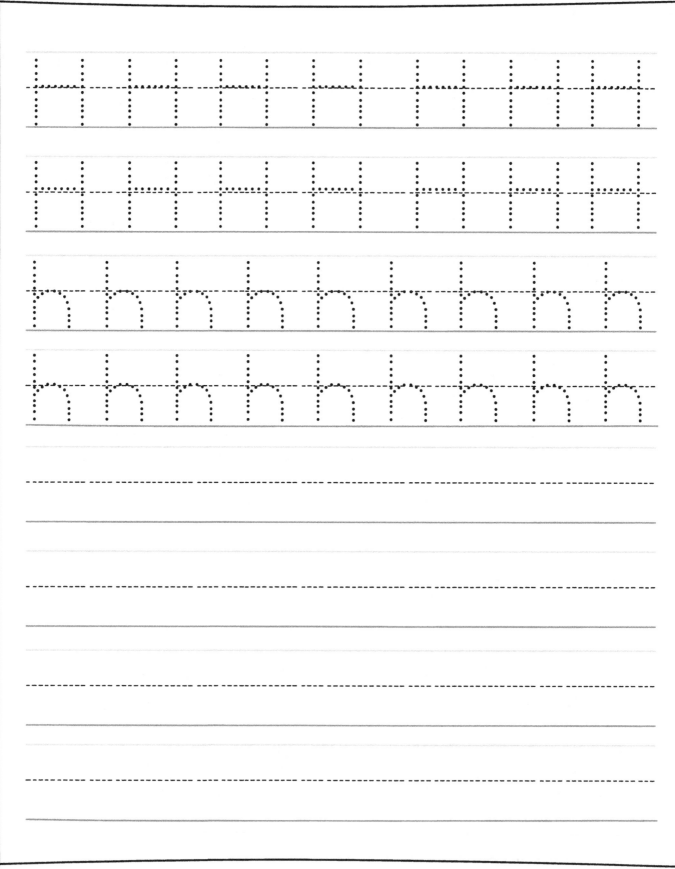

I

I FOR IGUANA

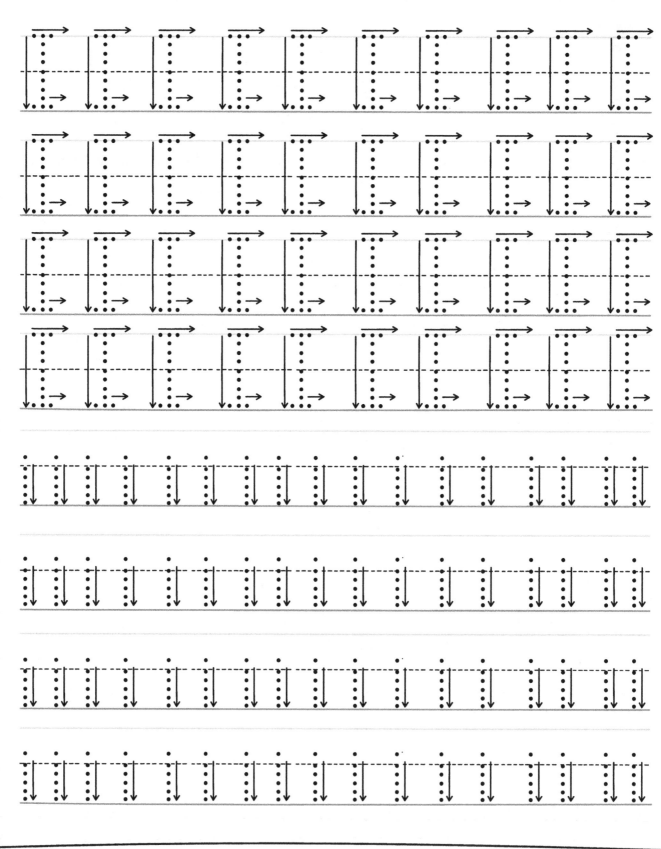

I I I I I I I I I

I I I I I I I I I

I I I I I I I I I I I I I I I I

I I I I I I I I I I I I I I I I

J

J IS FOR JAGUAR

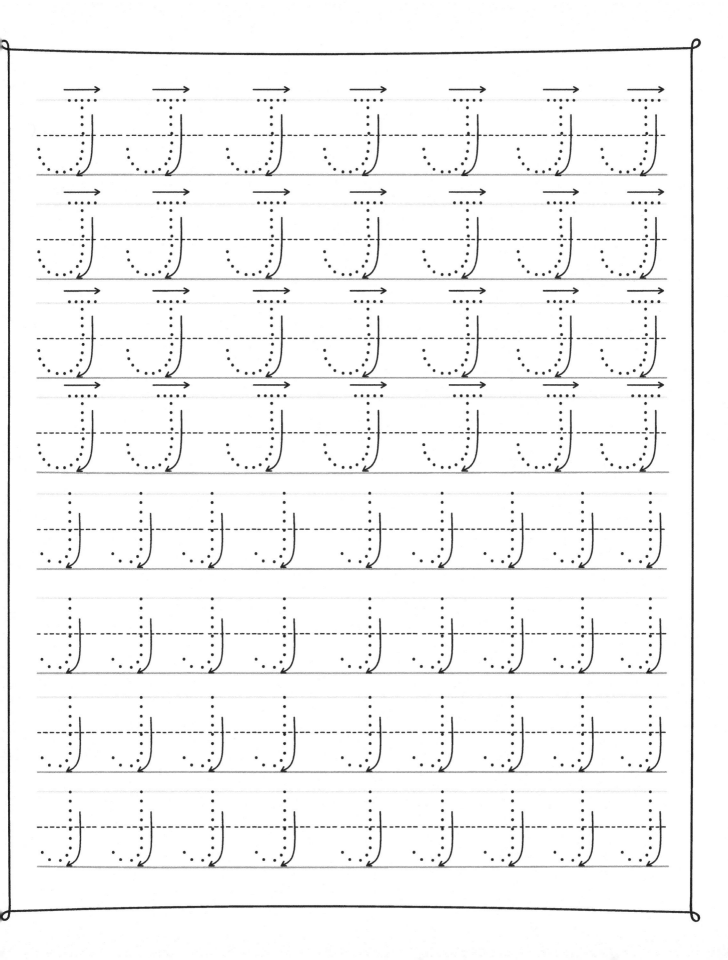

J J J J J J J J

J J J J J J J J

J J J J J J J J

J J J J J J J J

K

K IS FOR
KANGAROO

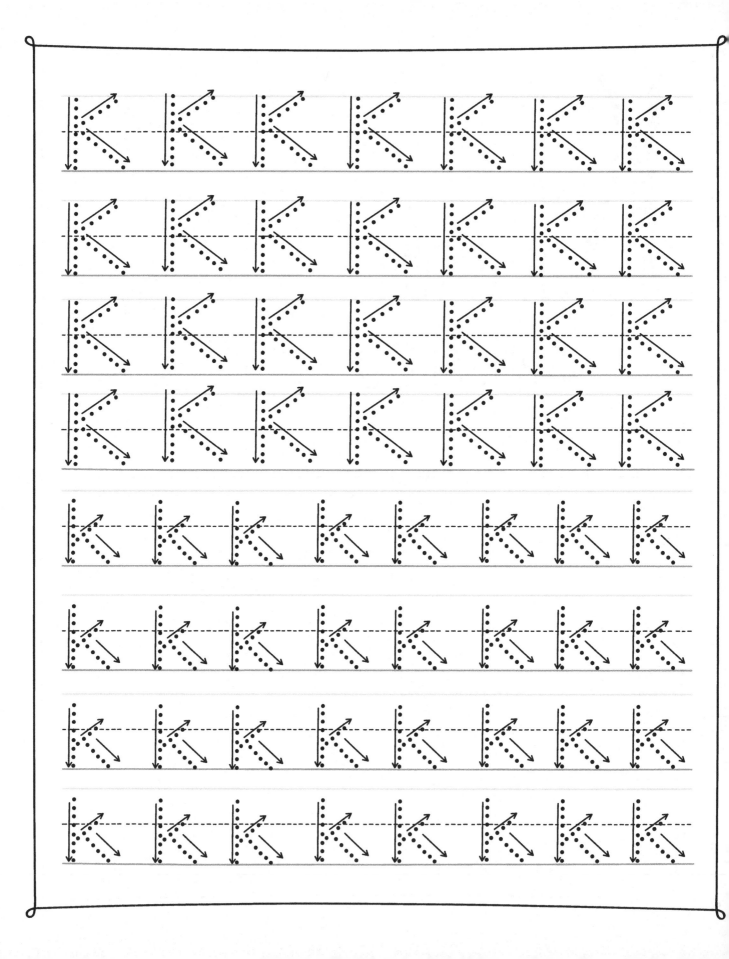

L

L IS FOR LION

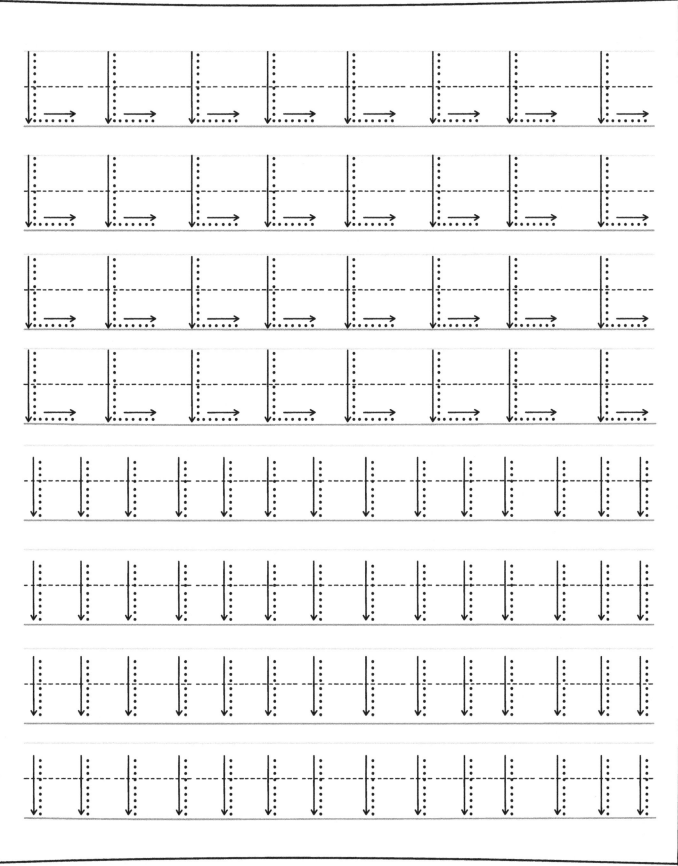

M

M IS FOR MANATEE

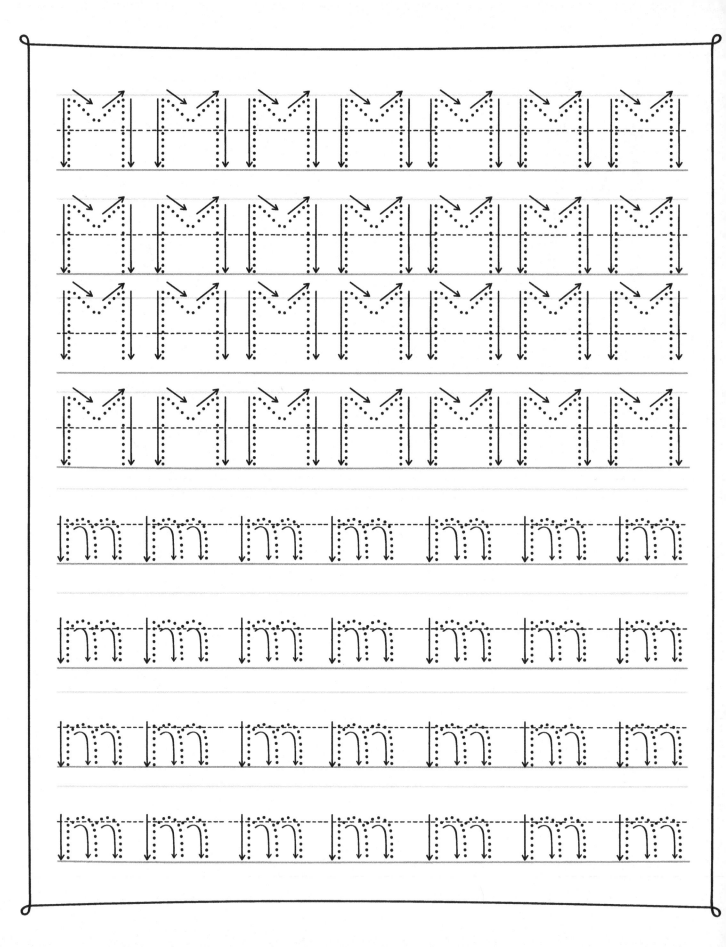

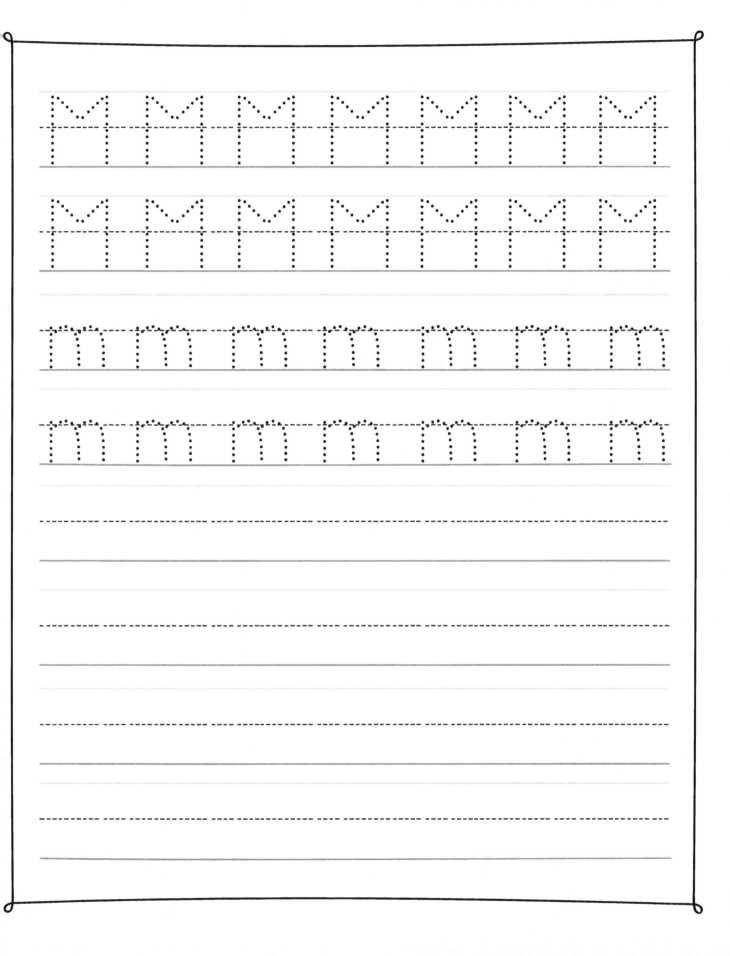

N

N IS FOR NUMBAT

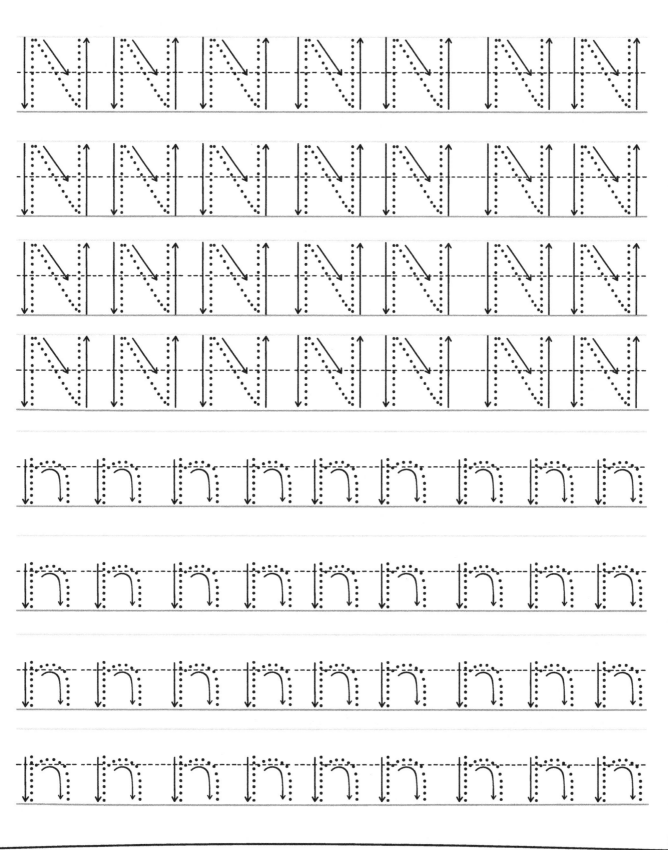

N N N N N N N N N N

N N N N N N N N N N

n n n n n n n n n n

n n n n n n n n n n

O

O IS FOR OCTOPUS

P

P IS FOR PARROT

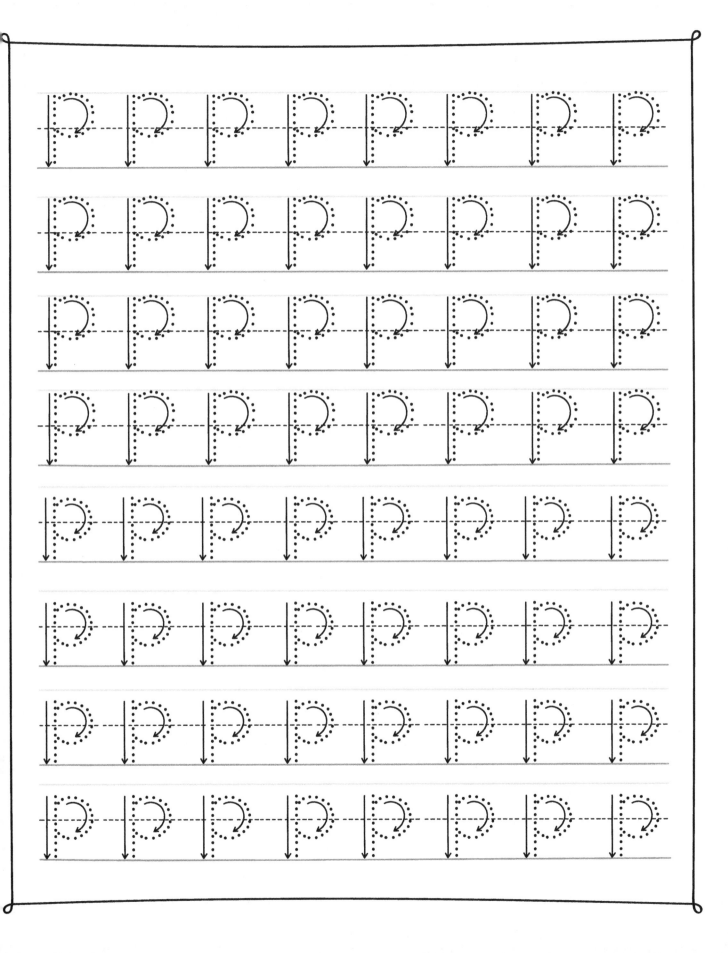

P P P P P P P P

P P P P P P P P

P P P P P P P P

P P P P P P P P

Q IS FOR QUAIL

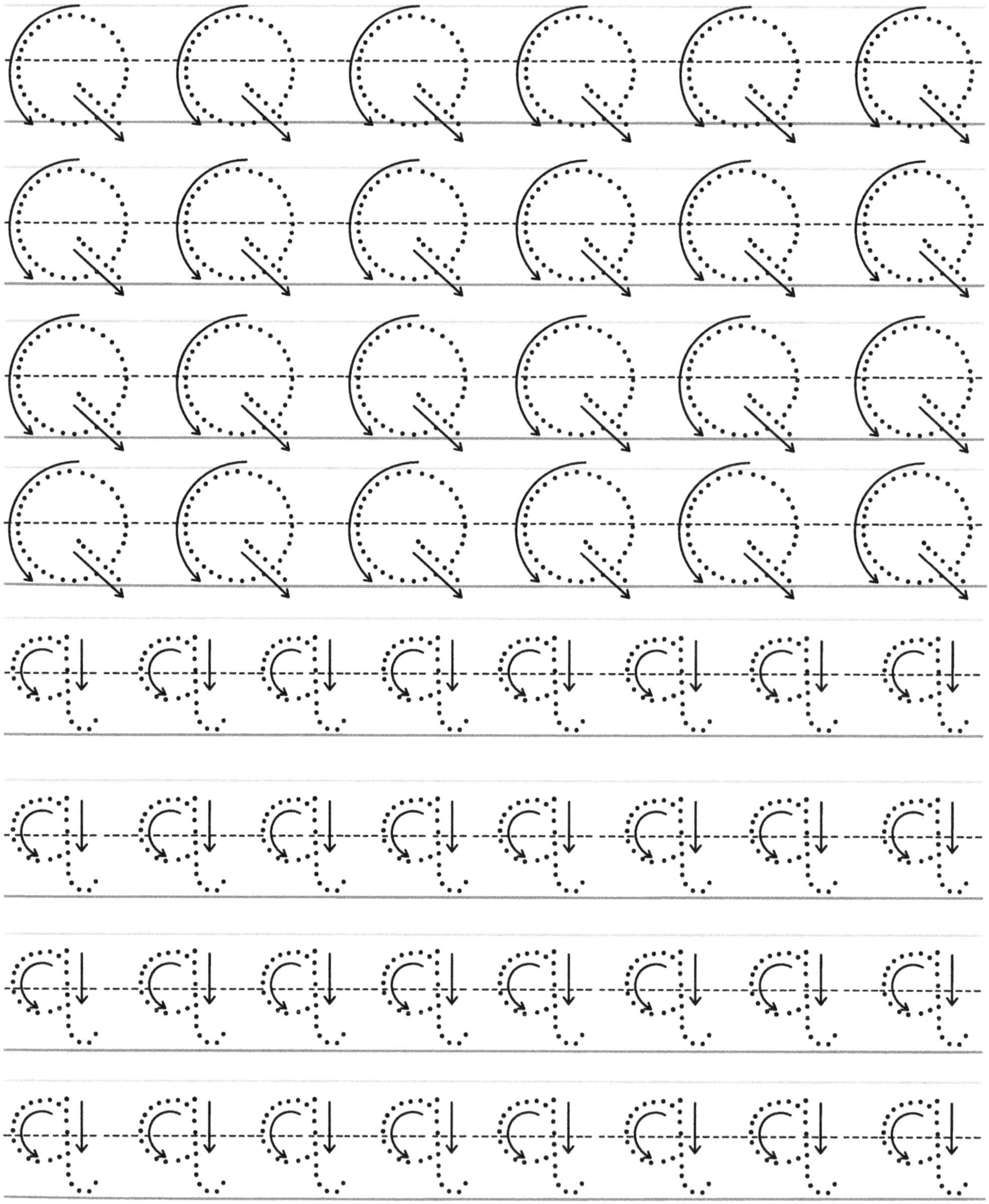

Q Q Q Q Q Q

Q Q Q Q Q Q

q q q q q q q q

q q q q q q q q

R

R IS FOR RABBIT

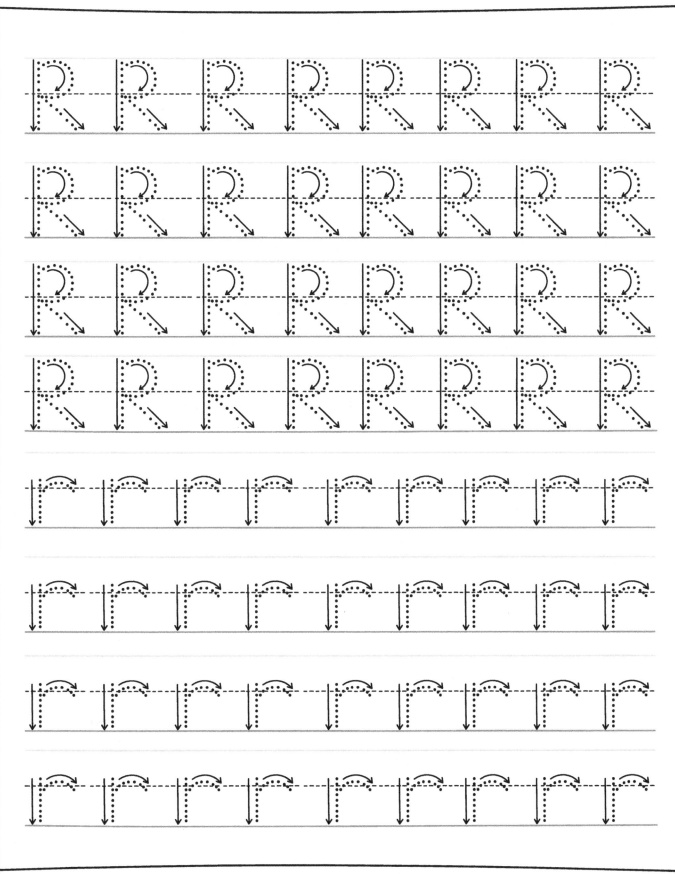

R R R R R R R

R R R R R R R

r r r r r r r r r

r r r r r r r r r

S

S IS FOR SNAKE

S s

S S S S S S S S

S S S S S S S S

s s s s s s s s s

s s s s s s s s s

S S S S S S S S

S S S S S S S S

S S S S S S S S

S S S S S S S S

s s s s s s s s s

s s s s s s s s s

s s s s s s s s s

s s s s s s s s s

S S S S S S S S

S S S S S S S S

S S S S S S S S

S S S S S S S S

T

T IS FOR TIGER

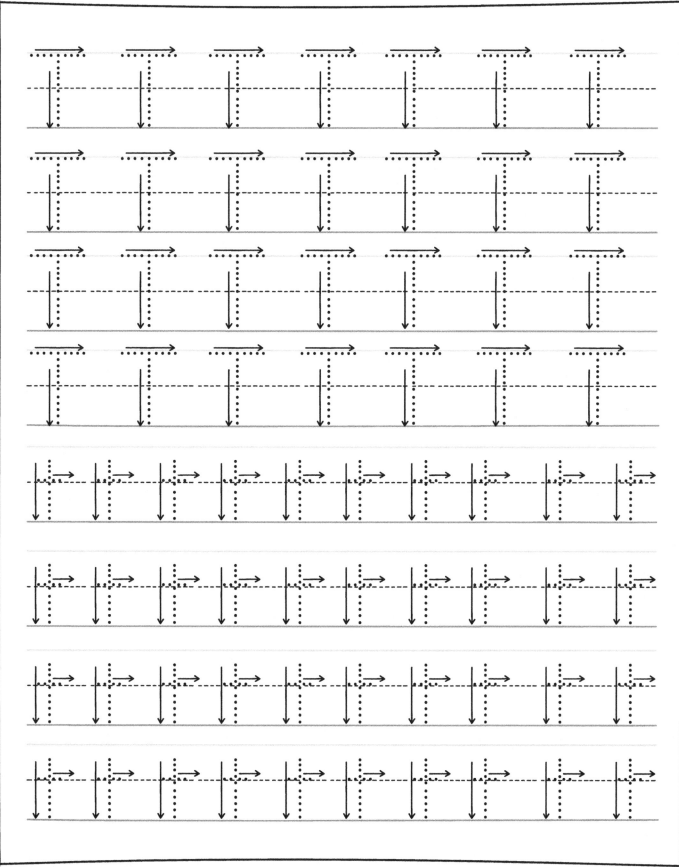

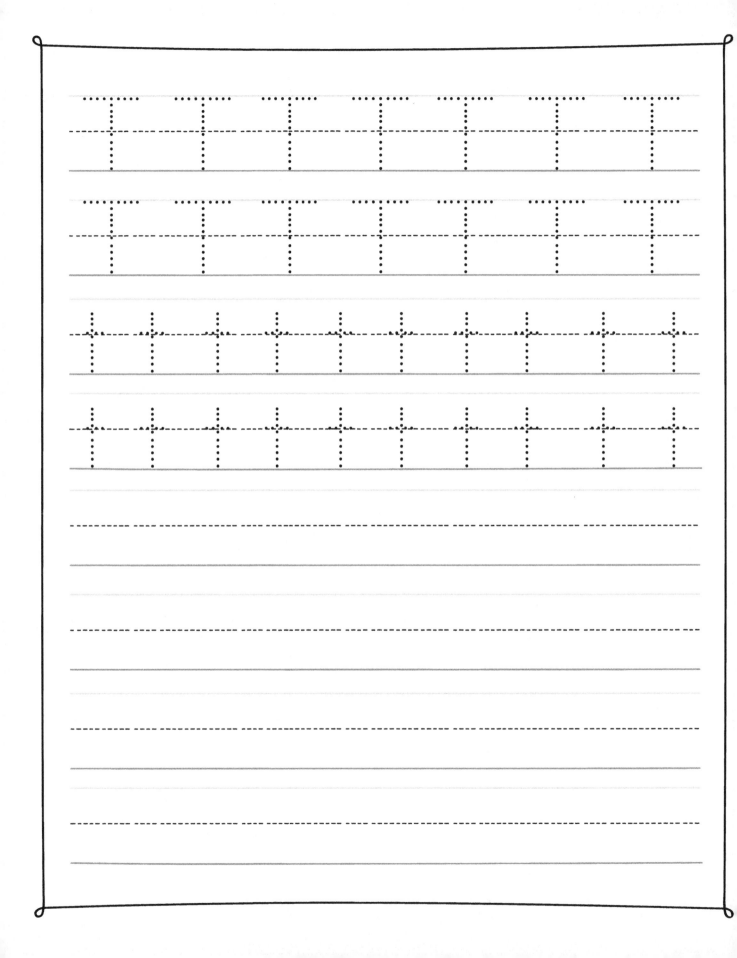

U

U IS FOR
UNICORN

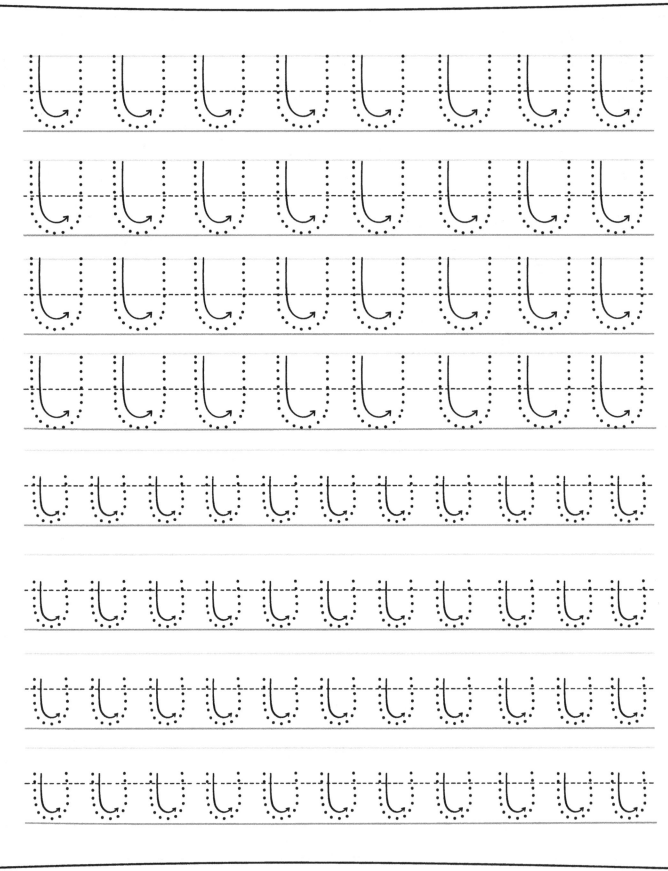

V

V IS FOR VAMPIRE BAT

V V V V V V V

V V V V V V V

V V V V V V V

V V V V V V V

v v v v v v v v v

v v v v v v v v v

v v v v v v v v v

v v v v v v v v v

V V V V V V V V V V V V V V

V V V V V V V V V V V V V V

V V V V V V V V V

V V V V V V V V V

W

W IS FOR WORM

W w

W W W W W W

W W W W W W

W W W W W W

W W W W W W

w w w w w w w w

w w w w w w w w

w w w w w w w w

w w w w w w w w

X

X IS FOR XERUS

X X X X X X X

X X X X X X X

X X X X X X X X

X X X X X X X X

Y

Y IS FOR YAK

Y Y Y Y Y Y Y

Y Y Y Y Y Y Y

y y y y y y y y y

y y y y y y y y y

Z

Z IS FOR ZEBRA

Z Z Z Z Z Z Z Z

Z Z Z Z Z Z Z Z

Z Z Z Z Z Z Z Z Z

Z Z Z Z Z Z Z Z

Made in the USA
Middletown, DE
12 June 2019